_____ 님께

부처님의 자비가 함께하시길 바랍니다.

초보자를 위한
반야심경 공부

초보자를 위한
반야심경 공부

초판 1쇄 2022년 9월 7일

지은이 백점기
발행인 김재홍
마케팅 이연실
디자인 김혜린

발행처 도서출판지식공감
브랜드 비움과채움
등록번호 제2015-000007호
주소 서울특별시 영등포구 경인로82길 3-4, 영등포센터플러스 1117호
전화 02-3141-2700
팩스 02-322-3089
이메일 bookon@daum.net

가격 5,000원
ISBN 979-11-5622-730-4 03220

초보자를 위한

반야심경 공부

청곡 백점기 지음

반야심경은 가장 널리 알려져 있고 가장 많이 독송되고 있는 불교경전입니다. 반야심경은 부처님의 가르침, 특히 공(空)사상에 대한 핵심 내용을 다루고 있습니다. 그럼에도 불구하고 저를 포함한 일부 재가 불자와 일반인들은 그 핵심 내용을 충분히 이해하지 못한 채 단순히 암송에만 그치는 아쉬움이 있습니다. 서점이나 사찰에서 훌륭한 반야심경 해설서를 구할 수 있으나 왕초보인 저에게는 이해하기가 너무 어렵습니다. 그래서 과학기술자적인 식견과 접근방법을 동원하여 스스로 이 문제를 풀어보기로 했습니다.

반야심경은 산스크리트어로 기록된 부처님의 말씀을 중국인 스님들이 한자로 옮긴 것이기 때문에 산스크리트어로 된 핵심적인 용어를 원래 발음에 가깝게 중국식 한자로 표기한 것이 많고, 이를 다시

우리말로 읽는 과정에서 헷갈리는 경우가 종종 있습니다. 핵심 용어가 한자의 뜻을 가진 줄 알았으나 사실은 산스크리트어의 발음을 단순히 한자로 표기한 것이 많기 때문입니다.

　반야심경은 부처님의 심오한 가르침을 총 260자로 간결하게 기술해 둔 것이기 때문에 해석에 다양한 의견이 있을 수 있고, 이것은 자연스러운 일입니다. 이 소책자에 풀이한 내용도 제 나름의 해석임을 밝혀 둡니다. 다만 반야심경은 한자로 기술되어 있기 때문에 한자에 익숙하지 않은 사람들에게는 글자 하나하나의 뜻을 먼저 파악하여 단순히 암송에만 그칠 것이 아니라 그 의미를 음미하면서 암송할 수 있도록 하는 데 이 책자를 정리한 목적이 있습니다.

　이 책은 총 15개의 장으로 구성되어 있습니다. 하

루에 한 장씩 모두 보름 동안에 걸쳐 한차례 공부할 수 있는 분량입니다. 하루에 여러 장을 한꺼번에 공부할 수도 있겠지만 매일 아침에 한 개 장의 내용을 들고 시작하여 하루 종일 머릿속에서 되뇌이면서 그 의미를 음미해 보면 좋을 것입니다.

이 책자를 정리하면서 경남 함안군 마애사 회주이신 무진 스님과 경남 의령군 우담사 무불 스님의 격려와 자문을 받았습니다. 깊은 감사를 드립니다. 평소에 반야심경을 자주 암송하는 재가 불자나 또 반야심경을 처음으로 공부하고자 하는 일반인들에게 작은 참고자료가 되기를 바라는 마음입니다.

2022년 8월 중국 닝보에서
청곡 백점기

불화를 많이 그리는 조용주 선생 작품으로 불교경전 글자만으로 부처님의 모습을 형상화한 작품입니다. 이 책자의 지은이가 소장하고 있습니다.

般若心經

반야심경 공부 1

반야심경(般若心經)은 줄여 부르는 말이고, 본
래 이름은 마하반야바라밀다심경(摩訶般若波羅
蜜多心經)입니다.

'마하(摩訶)'는 '크다'라는 뜻을 가진 산스크리
트어입니다. 작은 것에 대한 상대적인 개념이
아니라 절대적인 개념의 '크다'를 총칭하는 말
입니다.

'반야(般若)'는 산스크리트어 Prajna(쁘라냐)의
음을 한자로 옮긴 것으로 뜻은 '지혜(깨달음)'입
니다. 엄밀히 말해 인도인이 뜻하는 '반야'와 중
국인이 뜻하는 '지혜'가 완전히 일치하지 않아
서 '반야 지혜'로 표현하기도 합니다.

'바라밀다(波羅蜜多)'는 산스크리트어 Paramita (빠라미따)의 음을 한자로 옮긴 것으로 뜻은 '완성'입니다.

따라서 '마하반야바라밀다(摩訶般若波羅蜜多)'는 '큰 지혜(깨달음)의 완성'이라는 뜻이 됩니다.

반야심경의 '심(心)'은 '중심, 핵심'의 뜻이므로 '반야심경(般若心經)'이란 '큰 지혜의 완성, 그 핵심을 설법한 경전'이라는 뜻입니다.

반야심경 공부 2

觀自在菩薩

(관자재보살)

行深般若波羅蜜多時

(행심반야바라밀다시)

관자재보살(觀自在菩薩)

- 觀自在菩薩: 관자재보살(관세음보살)

"관세음보살님께서"

행심반야바라밀다시(行深般若波羅蜜多時)

- 行: 행할 행

- 深: 깊을 심
- 般若(Prajna): 지혜(깨달음)
- 波羅蜜多(Paramita): 완성
- 時: 때 시

"지혜의 완성을 위해 깊이 수행하실 때"

※ '보살(菩薩)'은 '보리살타(菩提薩埵)'의 준말입니다. '菩提薩埵'는 산스크리트어 Bodhisattva(보디사뜨바)의 음을 한자로 나타낸 것으로 깨달음을 구해서 수도하는 중생, 구도자, 지혜를 가진 사람을 뜻합니다.

※ 관자재보살은 관세음보살이라고도 하며, 자비로 중생의 괴로움을 구제하고 왕생의 길로 인도하는 보살입니다.

반야심경 공부 3

> 照見五蘊皆空
> (조견오온개공)
> 度一切苦厄
> (도일체고액)

조견오온개공(照見五蘊皆空)

- 照: 비출 조
- 見: 볼 견
- 五: 다섯 오
- 蘊: 쌓을 온
- 皆: 다(모두) 개
- 空: 빌 공

"오온이 모두 빈 것임을 꿰뚫어 보시고,"

도일체고액(度一切苦厄)
- 度: 건널 도
- 一: 한 일
- 切: 온통 체
- 苦: 괴로울 고
- 厄: 액 액

"모든 괴로움에서 벗어나셨습니다."

※ 오온(五蘊)이란 몸과 마음이 색(色), 수(受), 상(想), 행(行), 식(識)의 다섯 가지로 이루어져 있다는 것을 뜻합니다.

반야심경 공부 4

> ## 舍利子 色不異空 空不異色
> (사리자 색불이공 공불이색)
>
> ## 色卽是空 空卽是色
> (색즉시공 공즉시색)

사리자 색불이공 공불이색(舍利子 色不異空 空不異色)

- 舍利子: 사리자(부처님의 10대 제자 중 지혜가 가장 뛰어난 제자)
- 色: 빛 색
- 不: 아닐 불
- 異: 다를 이
- 空: 빌 공

- 空: 빌 공
- 不: 아닐 불
- 異: 다를 이
- 色: 빛 색

"사리자여! 모양이 있는 것도 빈 것과 다를 바 없고, 빈 것도 모양이 있는 것과 다를 바 없으며,"

색즉시공 공즉시색(色卽是空 空卽是色)
- 色: 빛 색
- 卽: 곧 즉
- 是: 이 시
- 空: 빌 공
- 空: 빌 공
- 卽: 곧 즉
- 是: 이 시

- 色 : 빛 색

"모양이 있는 것이 곧 빈 것이요, 빈 것이 곧 모양이 있는 것입니다."

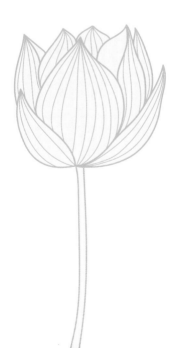

般若
心經

반야심경 공부 5

受想行識 亦復如是
(수상행식 역부여시)

舍利子 是諸法空相
(사리자 시제법공상)

수상행식 역부여시(受想行識 亦復如是)

- 受: 받을 수
- 想: 생각할 상
- 行: 행할 행
- 識: 알 식
- 亦: 또 역
- 復: 다시 부
- 如: 같을 여

- 是: 이 시

"느끼고 생각하고 행하고 인식하는 것, 이 또한 빈 것입니다."

사리자 시제법공상(舍利子 是諸法空相)

- 舍利子: 사리자(부처님의 10대 제자 중 지혜가 가장 뛰어난 제자)
- 是: 이 시
- 諸: 모두 제
- 法: 법 법
- 空: 빌 공
- 相: 형상 상

"사리자여! 모든 법은 빈 것이어서"

반야심경 공부 6

不生不滅 不垢不淨

(불생불멸 불구부정)

不增不減 是故 空中無色

(부증불감 시고 공중무색)

불생불멸 불구부정(不生不滅 不垢不淨)

- 不: 아닐 불
- 生: 날 생
- 불: 아닐 불
- 滅: 꺼질 멸
- 不: 아닐 불
- 垢: 때 구
- 不: 아닐 부

- 淨: 깨끗할 정

"생겨나는 것도 아니고 없어지는 것도 아니며, 더러운 것도 아니고 깨끗한 것도 아니며,"

부증불감 시고 공중무색(不增不減 是故 空中無色)
- 不: 아닐 부
- 增: 더할 증
- 不: 아닐 불
- 減: 덜 감
- 是: 이 시
- 故: 연고(그러므로) 고
- 空: 빌 공
- 中: 가운데 중
- 無: 없을 무
- 色: 빛 색

"늘어나는 것도 아니고 줄어드는 것도 아닙니다. 그러므로 공 가운데에는 모양이 없고,"

般若
心經

반야심경 공부 7

無受想行識
(무수상행식)
無眼耳鼻舌身意
(무안이비설신의)

무수상행식(無受想行識)

- 無: 없을 무
- 受: 받을 수
- 想: 생각할 상
- 行: 행할 행
- 識: 알 식

"느끼고 생각하고 행하고 인식하는 것도 없고,"

무안이비설신의(無眼耳鼻舌身意)

- 無: 없을 무
- 眼: 눈 안
- 耳: 귀 이
- 鼻: 코 비
- 舌: 혀 설
- 身: 몸 신
- 意: 뜻 의

"눈으로 보고 귀로 듣고 코로 맡고 혀로 맛보고 몸으로 촉감을 느끼고 머리로 생각하는 것도 없고,"

반야심경 공부 8

無色聲香味觸法
(무색성향미촉법)
無眼界 乃至 無意識界
(무안계 내지 무의식계)

무색성향미촉법(無色聲香味觸法)

- 無: 없을 무
- 色: 빛 색
- 聲: 소리 성
- 香: 향기 향
- 味: 맛 미
- 觸: 닿을 촉
- 法: 법 법

"모양도 소리도 향기도 맛도 촉감도 생각도 없으며,"

무안계 내지 무의식계(無眼界 乃至 無意識界)

- 無: 없을 무
- 眼: 눈 안
- 界: 지경 계
- 乃: 이에 내
- 至: 이를 지
- 無: 없을 무
- 意: 뜻 의
- 識: 알 식
- 界: 지경 계

"눈으로 보이는 세계의 경계도 없고, 의식세계의 경계도 없으며,"

반야심경 공부 9

> 無無明 亦無無明盡
> (무무명 역무무명진)
> 乃至 無老死 亦無老死盡
> (내지 무노사 역무노사진)

무무명 역무무명진(無無明 亦無無明盡)

- 無: 없을 무
- 無: 없을 무
- 明: 밝을 명
- 亦: 또 역
- 無: 없을 무
- 無: 없을 무
- 明: 밝을 명

- 盡: 다할 진

"밝지 않은 것도 없고, 밝지 않은 게 다함도 없으며,"

내지 무노사 역무노사진(乃至 無老死 亦無老死盡)
- 乃: 이에 내
- 至: 이를 지
- 無: 없을 무
- 老: 늙을 로
- 死: 죽을 사
- 亦: 또 역
- 無: 없을 무
- 老: 늙을 로
- 死: 죽을 사
- 盡: 다할 진

"나아가 늙고 죽음도 없고, 또 늙고 죽음이 다함도 없으며,"

반야심경 공부 10

> **無苦集滅道**
> (무고집멸도)
> **無智亦無得**
> (무지역무득)

무고집멸도(無苦集滅道)

- 無: 없을 무
- 苦: 괴로울 고
- 集: 모을 집
- 滅: 꺼질 멸
- 道: 길 도

"괴로움에 대한 네 가지 진리(즉 괴로움이 존

재하고, 그 괴로움에는 생긴 원인이 있고, 그 괴로움
은 없앨 수 있으며, 그 괴로움을 없애는 길이 있다는
것)도 없으며,"

무지역무득(無智亦無得)
- 無: 없을 무
- 智: 슬기 지
- 亦: 또 역
- 無: 없을 무
- 得: 얻을 득

"깨달음을 얻기 위한 지혜라는 것도 없고, 또
깨달음을 얻는 것도 없습니다."

반야심경 공부 II

以無所得故
(이무소득고)
菩提薩埵 依般若波羅蜜多 故心無罣碍
(보리살타 의반야바라밀다 고심무가애)

이무소득고(以無所得故)

- 以: 이로써 이
- 無: 없을 무
- 所: 바 소
- 得: 얻을 득
- 故: 연고(그러므로) 고

"이로써 얻어야 할 것이 아무것도 없으므로"

보리살타 의반야바라밀다 고심무가애(菩提薩埵 依般若波羅蜜多 故心無罣碍)

- 菩提薩埵(Bodhisattva): 보리살타(보살)
- 依: 의지할 의
- 般若(Prajna): 지혜(깨달음)
- 波羅蜜多(Paramita): 완성
- 故: 연고(그러므로) 고
- 心: 마음 심
- 無: 없을 무
- 罣: 걸릴 가
- 碍: 거리낄 애

"보리살타는 지혜가 완성됨에 따라 마음에 거리낌이 없어야 합니다."

※ '菩提薩埵(보리살타)'는 산스크리트어 Bodhisattva(보디사뜨바)의 음을 한자로 나타낸 것으로 깨달음을 구해서 수도하는 중생, 구도자, 지혜를 가진 사람을 뜻합니다.

반야심경 공부 12

無罣碍故 無有恐怖
(무가애고 무유공포)
遠離顛倒夢想 究竟涅槃
(원리전도몽상 구경열반)

무가애고 무유공포(無罣碍故 無有恐怖)

- 無: 없을 무
- 罣: 걸릴 가
- 碍: 거리낄 애
- 故: 연고(그러므로) 고
- 無: 없을 무
- 有: 있을 유
- 恐: 두려울 공

- 怖: 두려워할 포

"마음에 걸리는 게 없으므로 두려울 것도 없게 되어"

원리전도몽상 구경열반(遠離顚倒夢想 究竟涅槃)
- 遠: 멀 원
- 離: 떠날 리
- 顚: 넘어질 전
- 倒: 넘어질 도
- 夢: 꿈 몽
- 想: 생각할 상
- 究: 연구할 구
- 竟: 마침내 경
- 涅槃(Nirvāṇa): 열반

"헛된 생각에서 멀리 벗어나서 지혜를 완성할

수 있게 되는 것입니다."

  ※ 열반은 산스크리트어 Nirvāṇa(니르바냐)의
음을 한자로 옮긴 것으로 '번뇌가 소멸된 상태'
또는 '지혜(깨달음)가 완성된 상태'라는 뜻입니다.

般若
心經

반야심경 공부 13

三世諸佛 依般若波羅蜜多

(삼세제불 의반야바라밀다)

故得阿耨多羅三藐三菩提

(고득아뇩다라삼먁삼보리)

삼세제불 의반야바라밀다(三世諸佛 依般若波羅蜜多)

- 三: 석 삼
- 世: 인간 세
- 諸: 모두 제
- 佛: 부처 불
- 依: 의지할 의
- 般若(Prajna): 지혜(깨달음)

- 波羅蜜多(Paramita): 완성

"삼세(과거, 현재, 미래 세 가지 인간 세상)의 모든 부처님도 지혜의 완성에 의하여"

고득아뇩다라삼먁삼보리(故得阿耨多羅三藐三菩提)
- 故: 연고(그러므로) 고
- 得: 얻을 득
- 阿耨多羅三藐三菩提(Anuttarā Sammā Sambodhi): 아뇩다라삼먁삼보리(깨달음의 최고경지)

"깨달음의 최고경지를 얻게 된 것입니다."

※ 아뇩다라삼먁삼보리는 산스크리트어 Anuttarā Sammā Sambodhi(아뉴따랴 삼먀 삼보

디)의 음을 한자로 옮긴 것으로 '깨달음의 최고경지'라는 뜻입니다. Anuttarā는 '위없는', Sammā는 '올바른, 완전한', Sambodhi는 '원만한 깨달음'의 뜻입니다.

반야심경 공부 14

故知 般若波羅蜜多 是大神呪 是大明呪

是無上呪 是無等等呪

(고지 반야바라밀다 시대신주 시대명주

시무상주 시무등등주)

能除一切苦 眞實不虛

(능제일체고 진실불허)

고지 반야바라밀다 시대신주 시대명주 시무
상주 시무등등주(故知 般若波羅蜜多 是大神呪 是大
明呪 是無上呪 是無等等呪)

- 故: 연고(그러므로) 고
- 知: 알 지
- 般若(Prajna): 지혜(깨달음)

- 波羅蜜多(Paramita): 완성
- 是: 이 시
- 大: 큰 대
- 神: 귀신 신
- 呪: 빌 주
- 是: 이 시
- 大: 큰 대
- 明: 밝을 명
- 呪: 빌 주
- 是: 이 시
- 無: 없을 무
- 上: 위 상
- 呪: 빌 주
- 是: 이 시
- 無: 없을 무
- 等: 무리 등
- 等: 무리 등
- 呪: 빌 주

"그러므로 지혜(깨달음)의 완성이라 함은 커다란 신비로운 진언이고 커다란 밝은 진언이며 무한한 진언이고 견줄 것이 없는 진언이니,"

능제일체고 진실불허(能除一切苦 眞實不虛)

- 能: 능할 능
- 除: 덜 제
- 一: 한 일
- 切: 온통 체
- 苦: 괴로울 고
- 眞: 참 진
- 實: 열매 실
- 不: 아닐 불
- 虛: 거짓 허

"모든 괴로움을 없앨 수 있게 되는 것입니다. 이는 진실이며 거짓이 아닙니다."

반야심경 공부 15

故說般若波羅蜜多 呪卽說 呪曰
(고설반야바라밀다 주즉설 주왈)
揭諦揭諦 波羅揭諦 波羅僧揭諦 菩提 娑婆訶
(아제아제 바라아제 바라승아제 모지 사바하)

고설반야바라밀다 주즉설 주왈(故說般若波羅蜜
多 呪卽說 呪曰)

- 故: 연고(그러므로) 고
- 說: 말씀 설
- 般若(Prajna): 지혜(깨달음)
- 波羅蜜多(Paramita): 완성
- 呪: 빌 주
- 卽: 곧 즉

- 說: 말씀 설
- 呪: 빌 주
- 曰: 가로 왈

"그러므로 지혜(깨달음)를 완성하기 위한 진언을 말씀드리겠습니다. 즉 그 진언은 다음과 같습니다."

아제아제 바라아제 바라승아제 모지 사바하
(揭諦揭諦 波羅揭諦 波羅僧揭諦 菩提 娑婆訶)

"갑시다! 갑시다! 저 깨달음의 세계로 갑시다! 모두 함께 저 깨달음의 세계로 갑시다! 오! 깨달음이여! 축복이어라!"

※ 揭諦揭諦 波羅揭諦 波羅僧揭諦 菩提 娑婆訶는 산스크리트어 Gate Gate Pāragate

Pārasaṃgate Bodhisvāhā(가떼 가떼 빠라가떼 빠라삼가떼 보디스뱌햐)의 음을 한자로 옮긴 것으로 뜻은 '가자! 가자! 저 깨달음의 세계로 가자! 모두 함께 저 깨달음의 세계로 가자! 오! 깨달음이여! 축복이어라!'입니다.

반야심경을 공부하면서 떠올린 감상을
자유롭게 적어보세요.

般若
心經